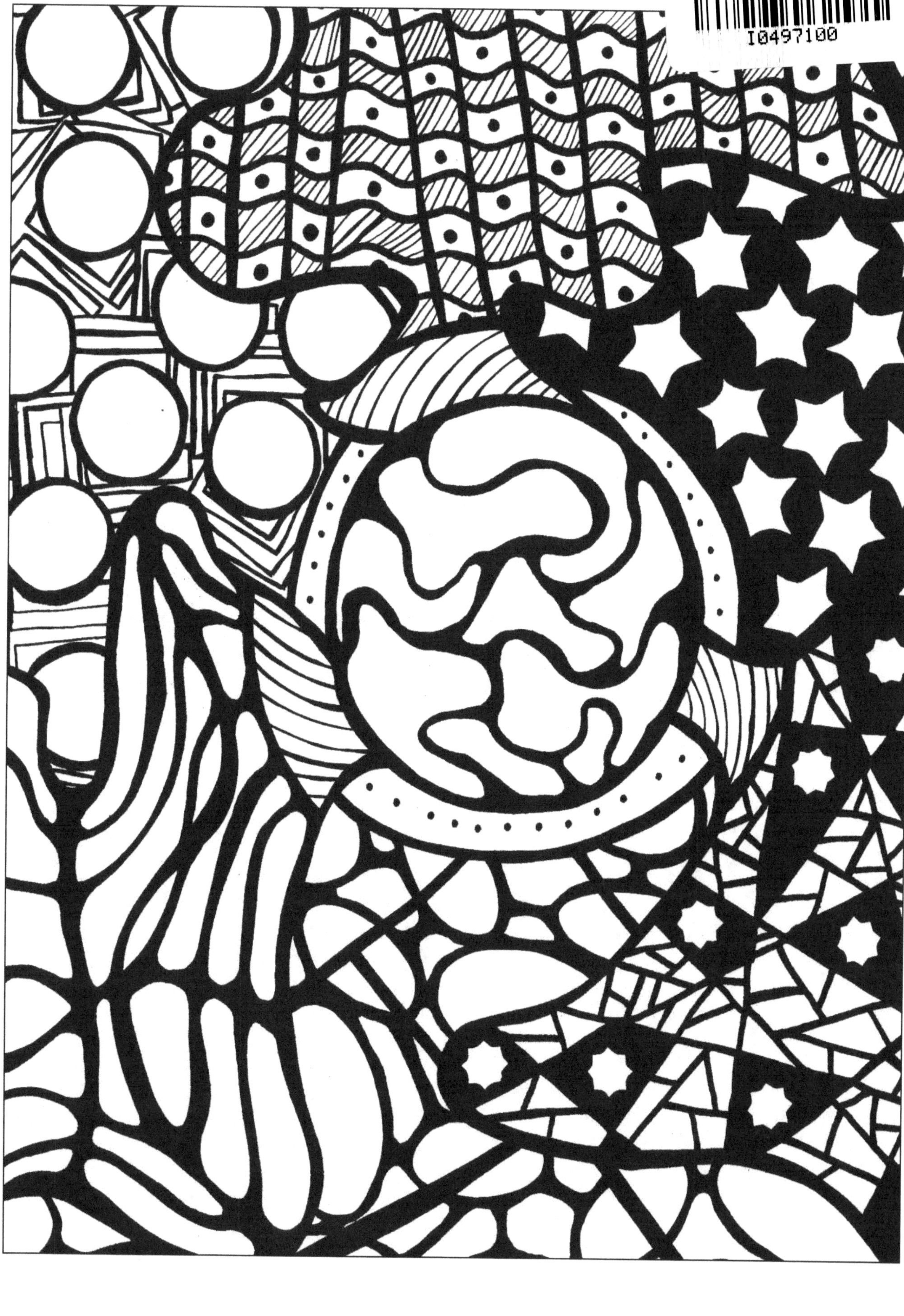

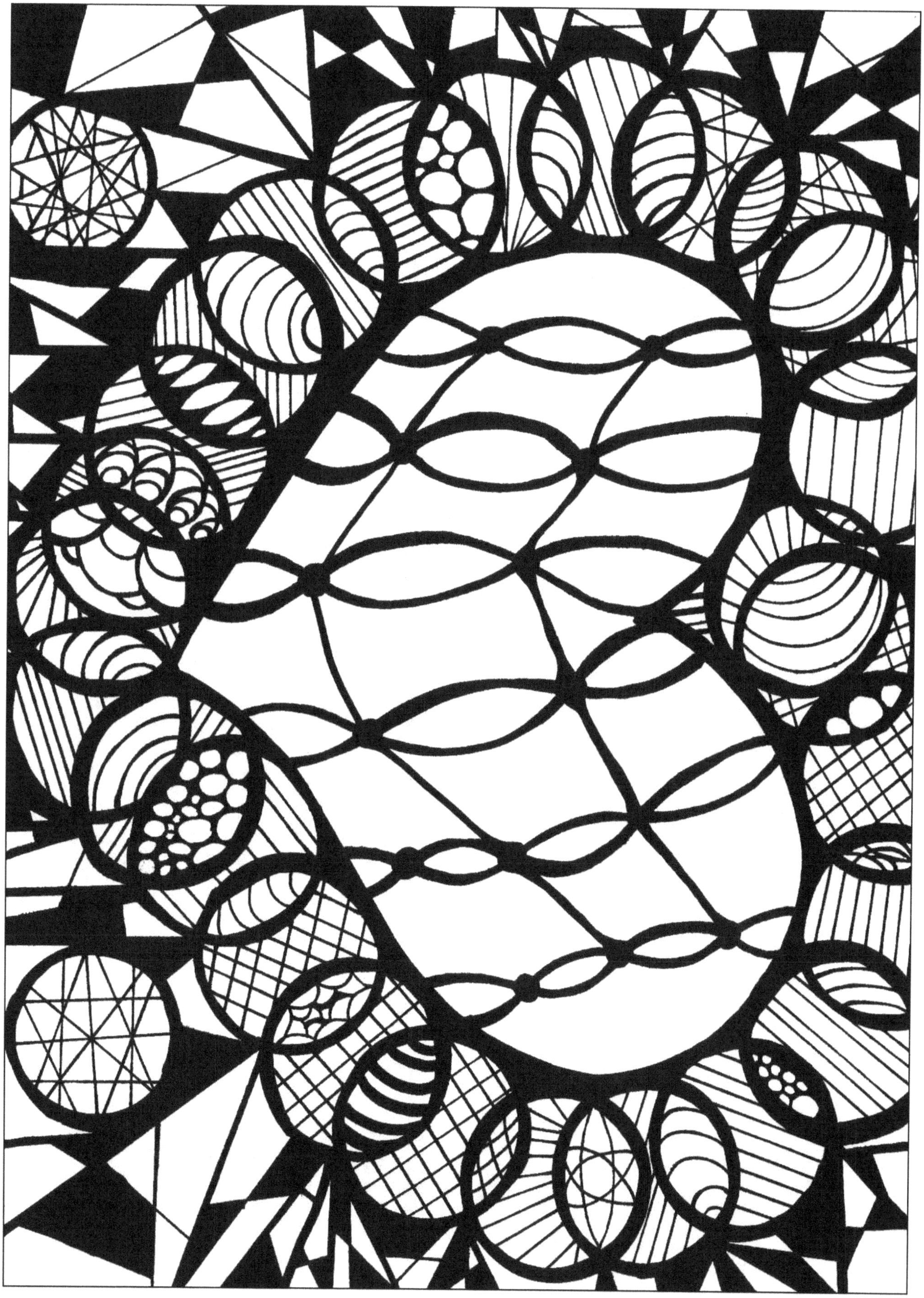

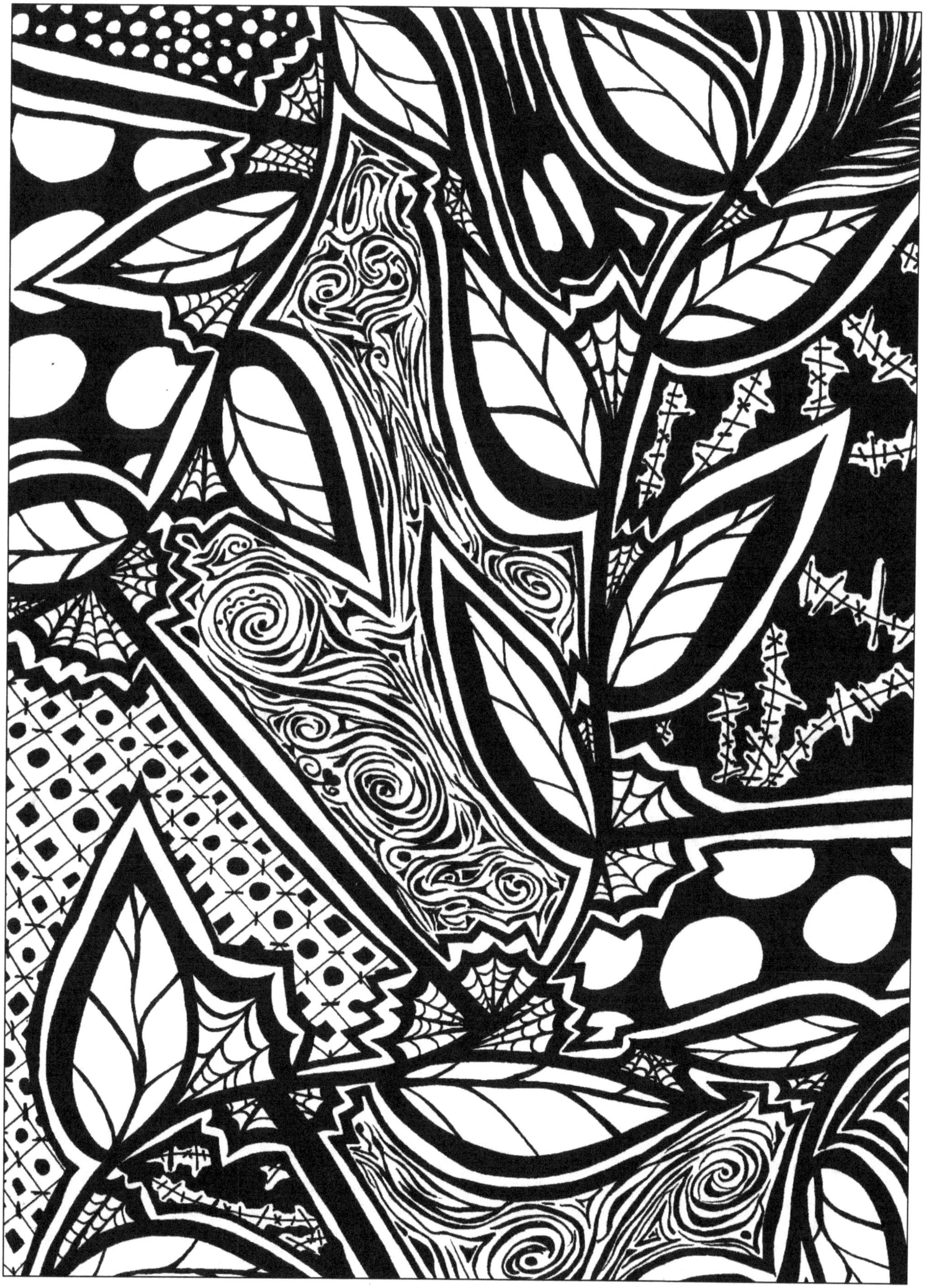

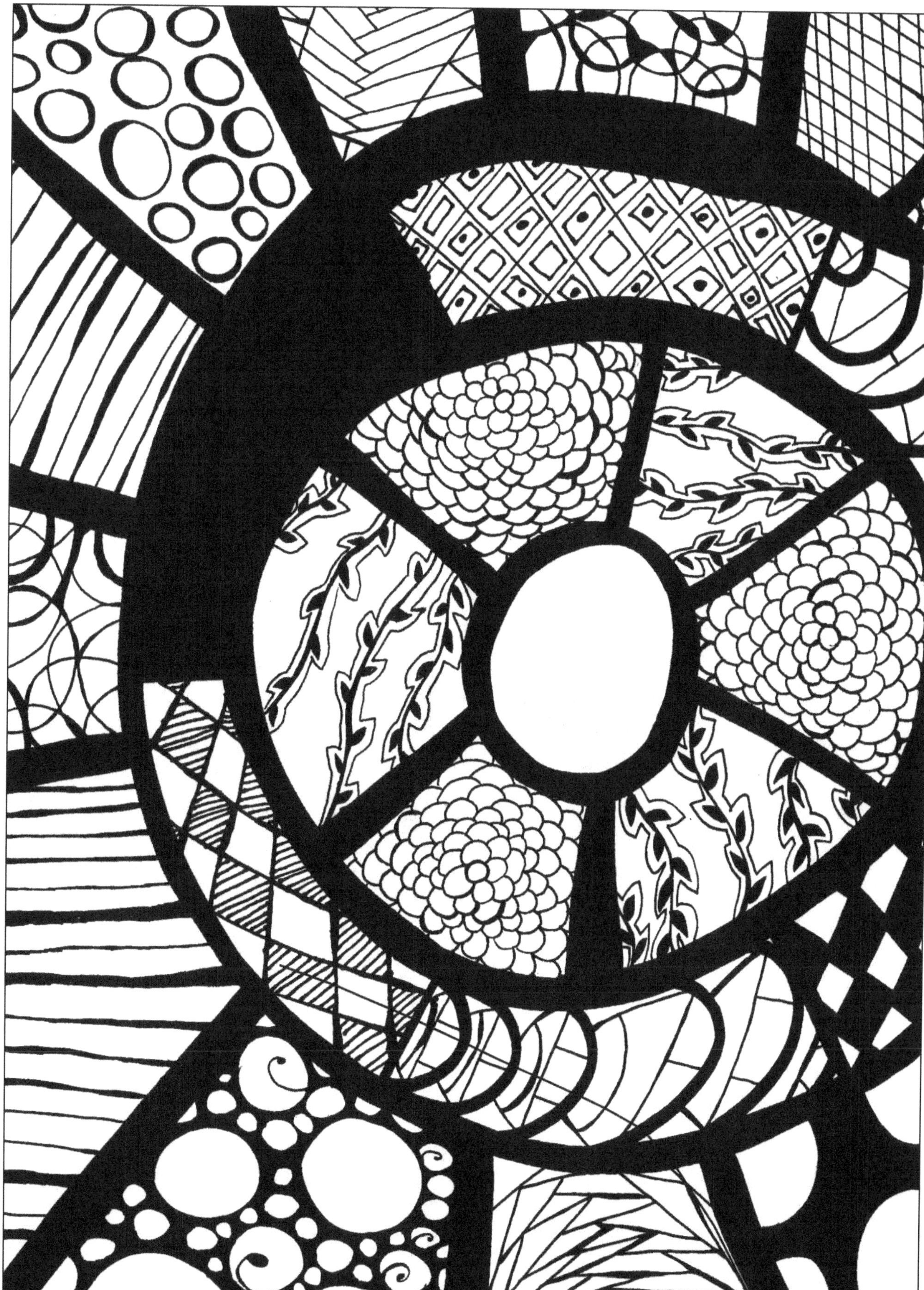

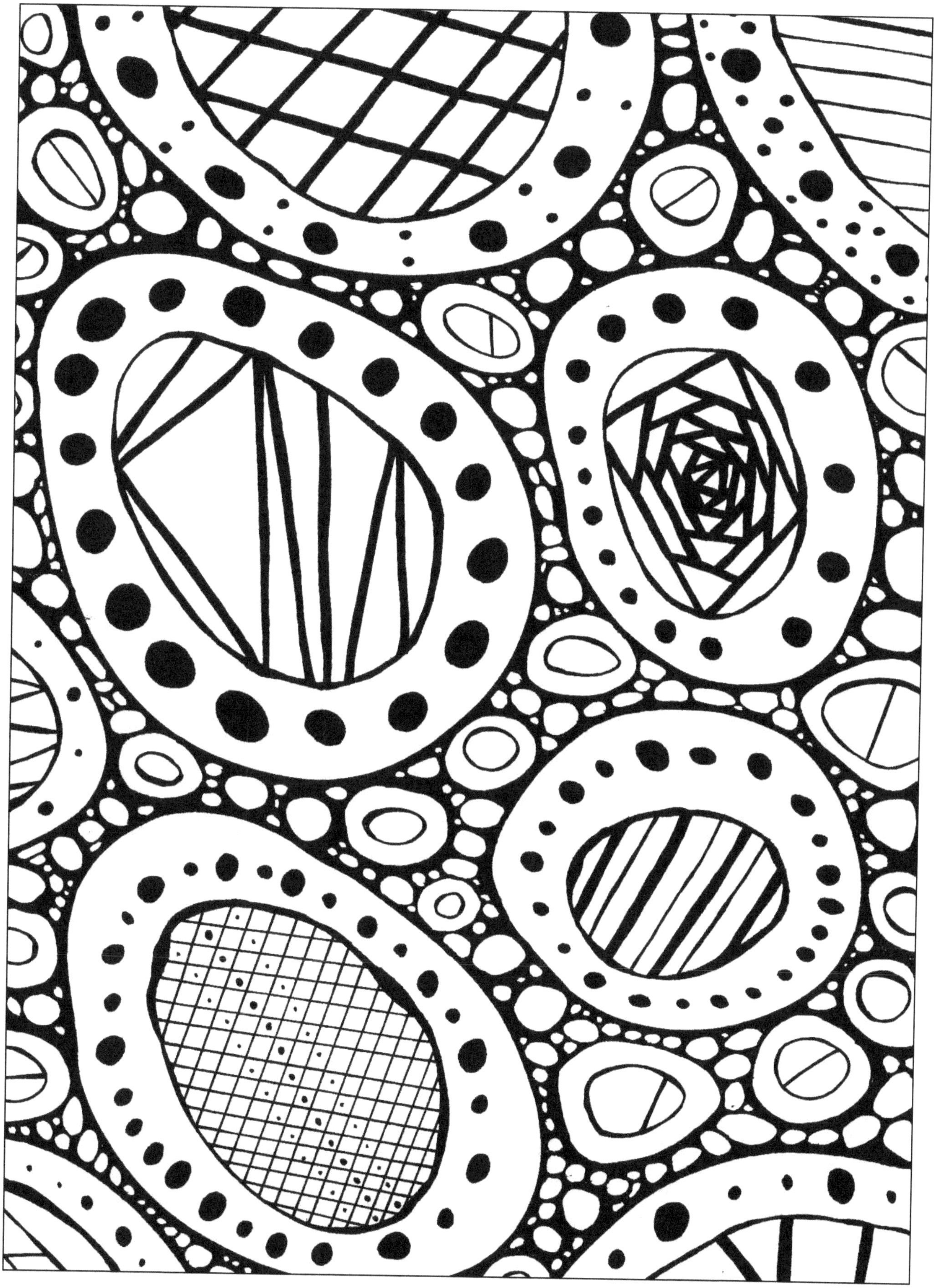

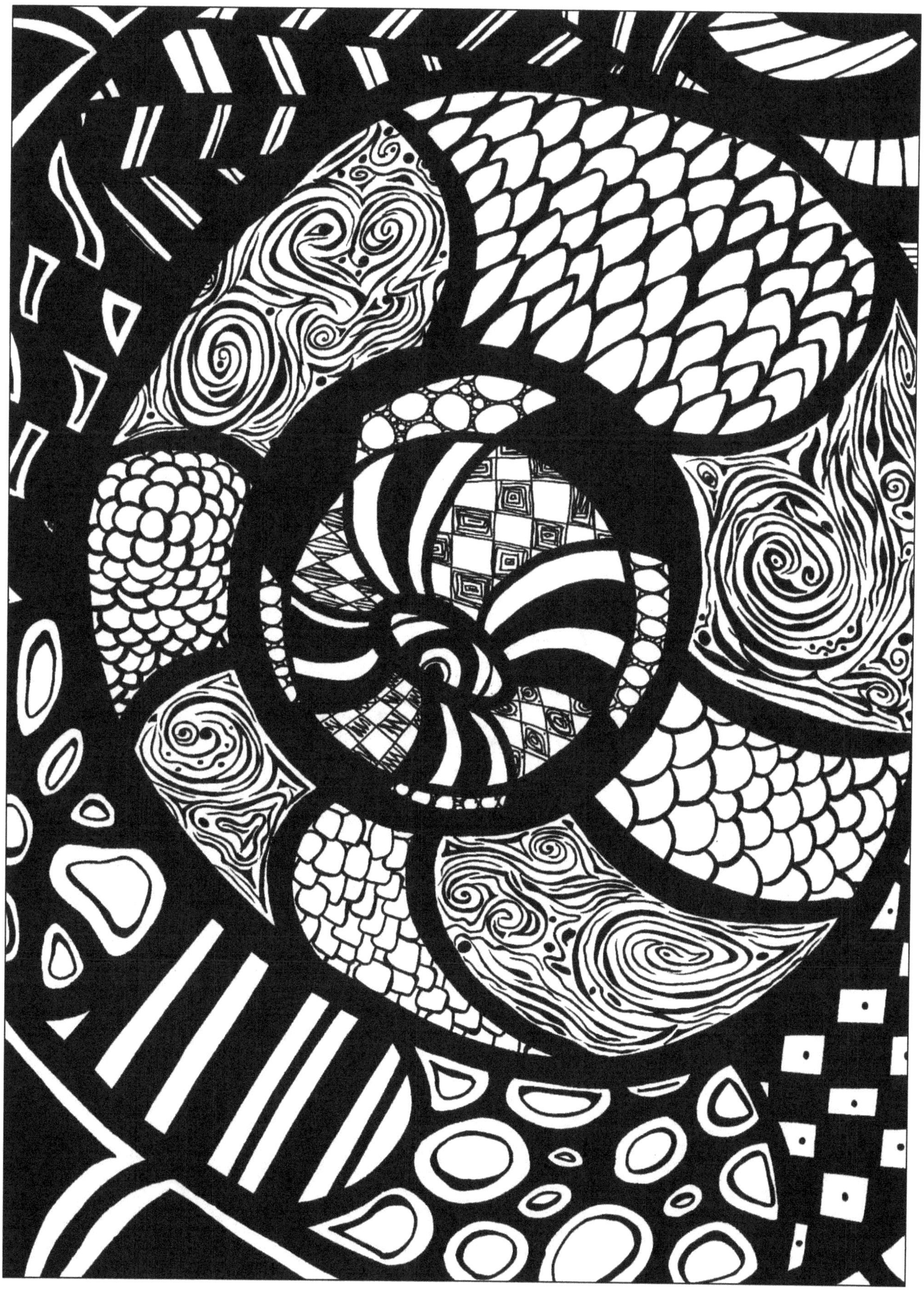

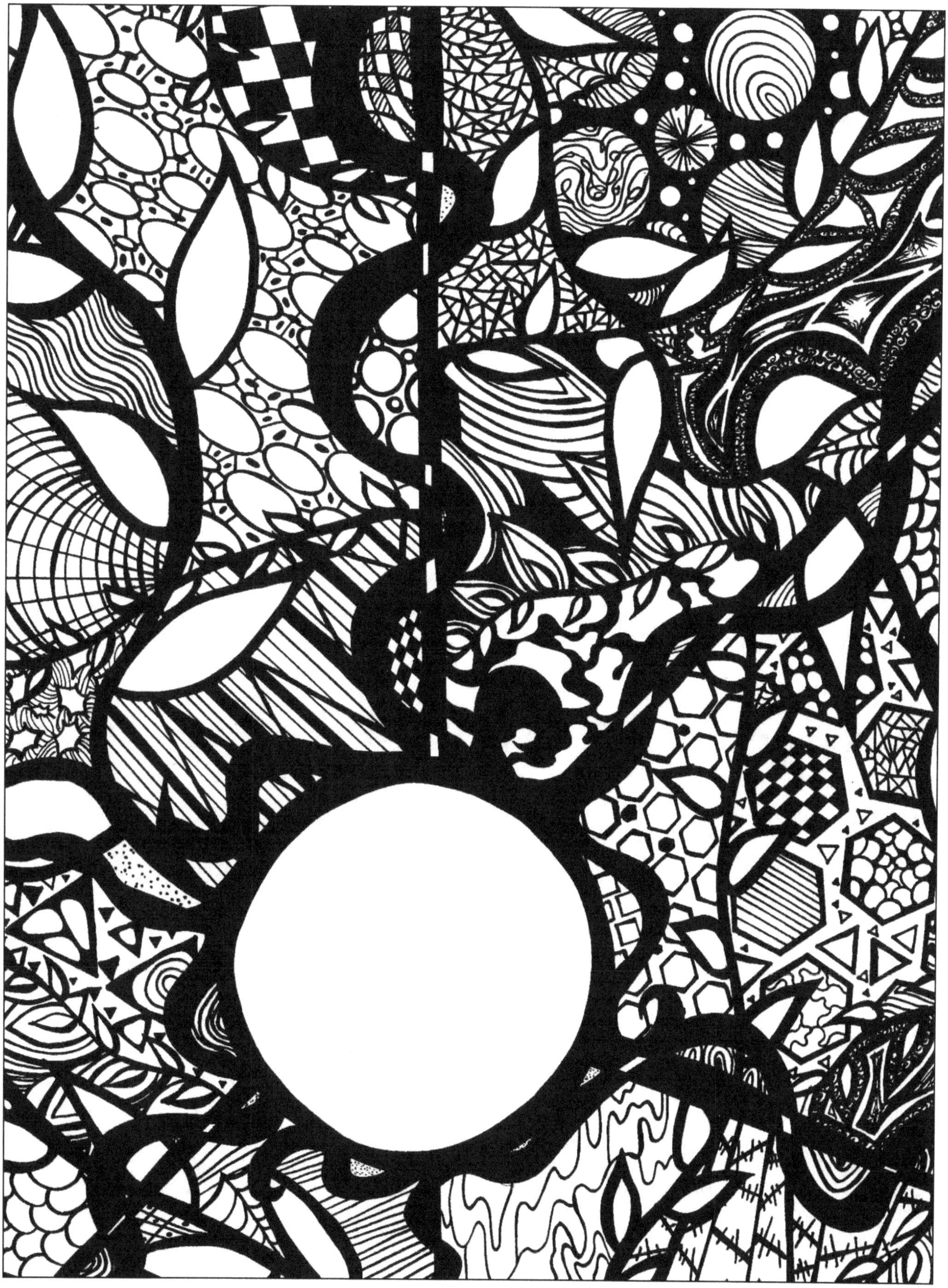

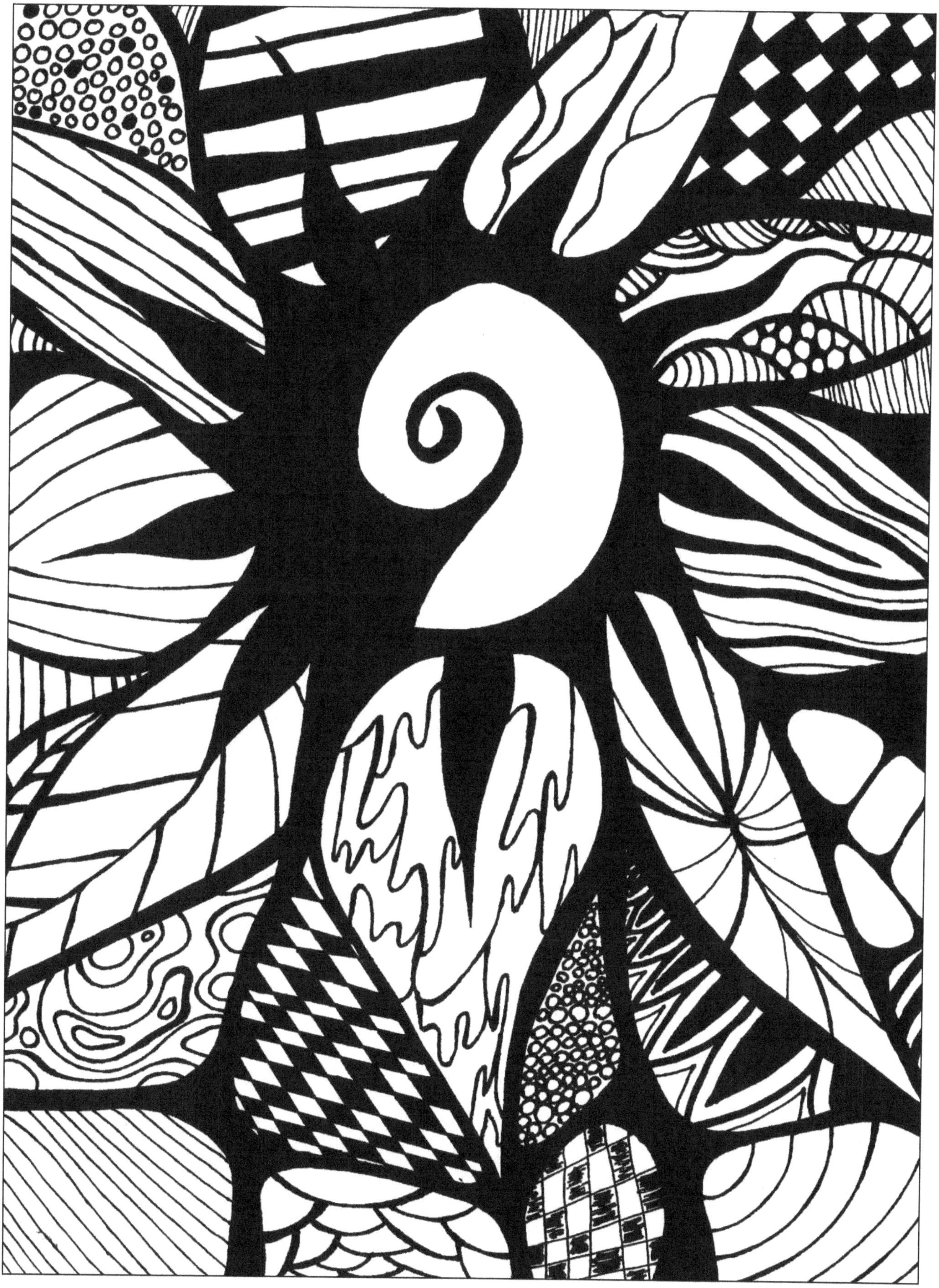

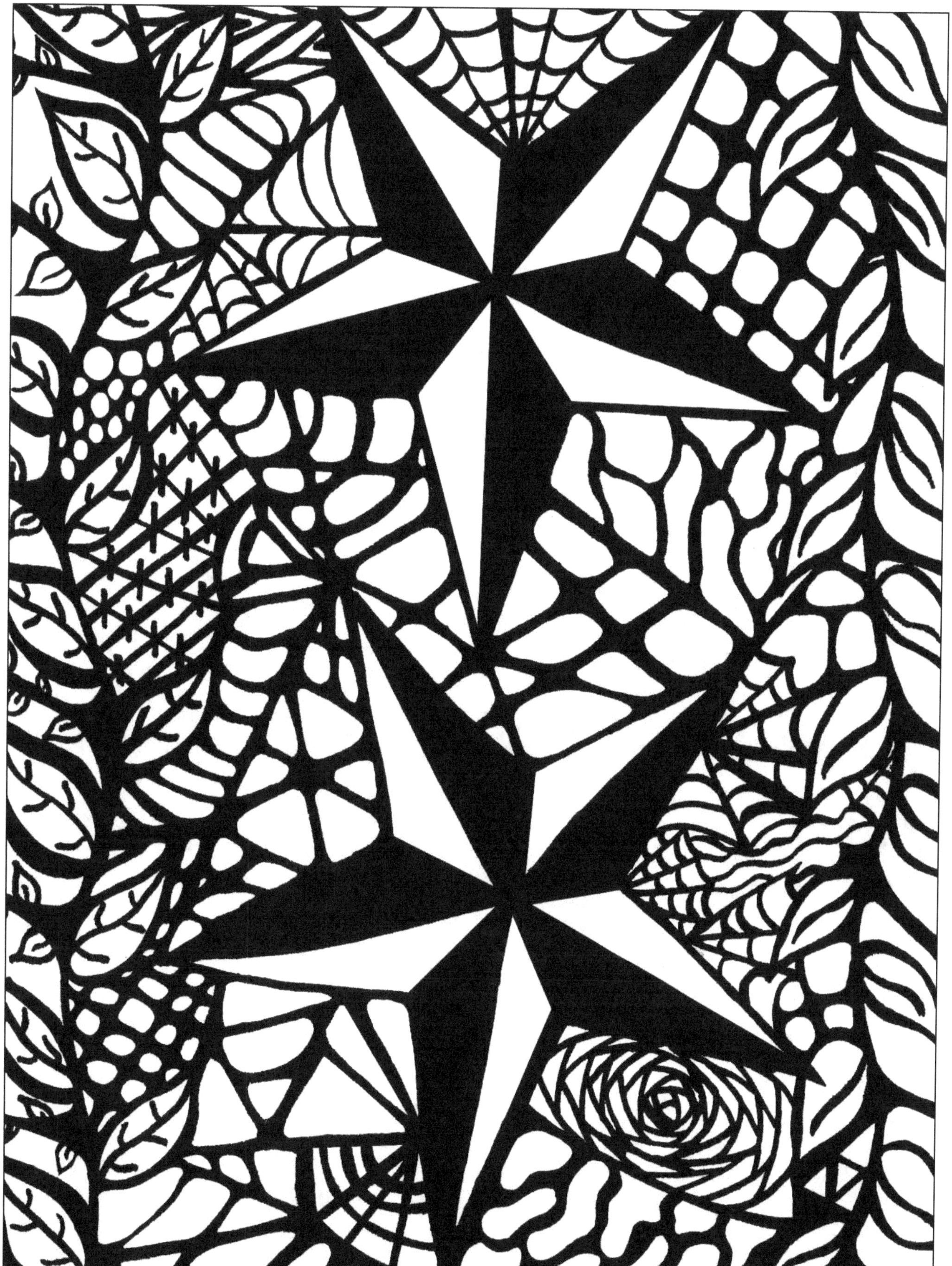

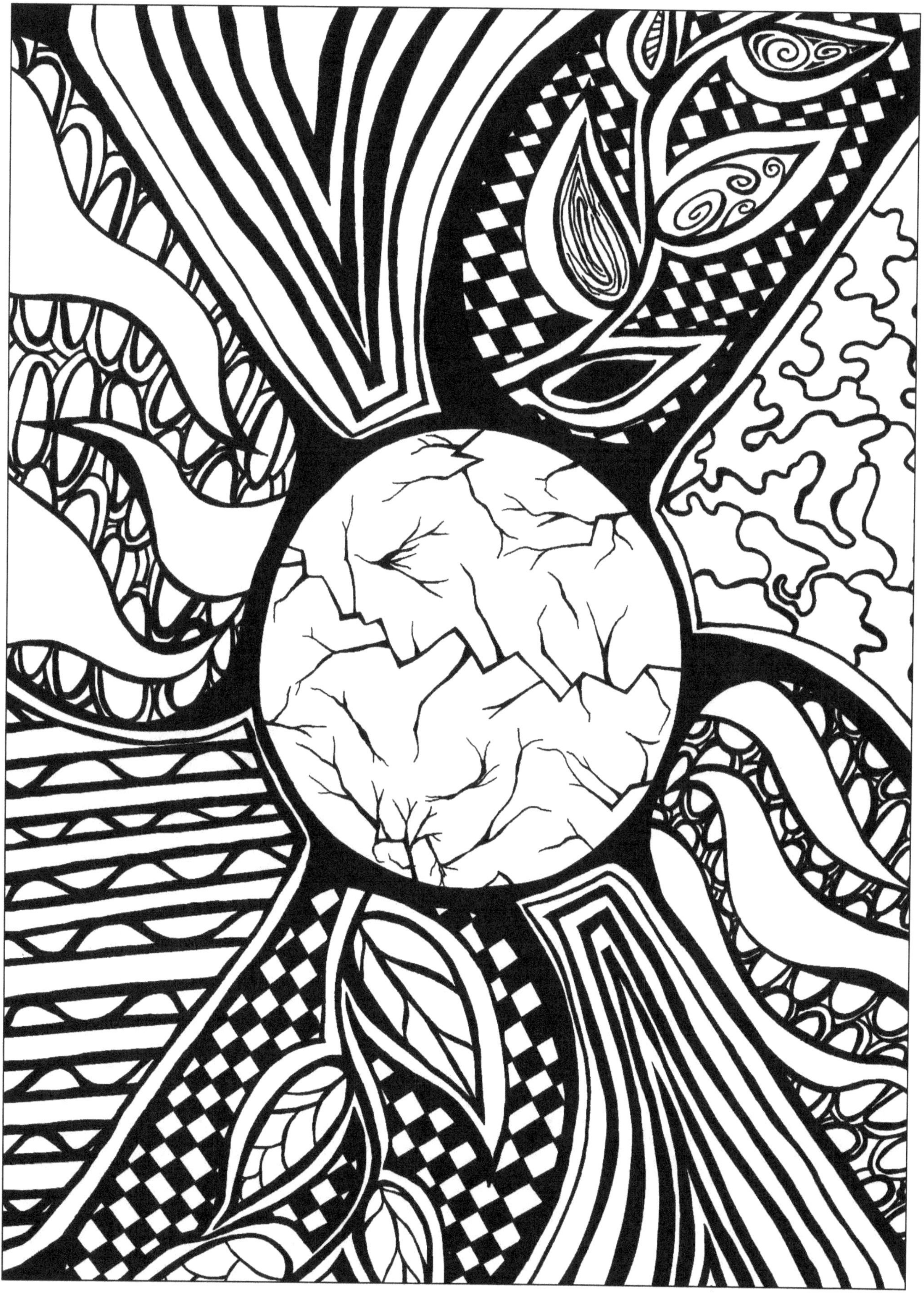

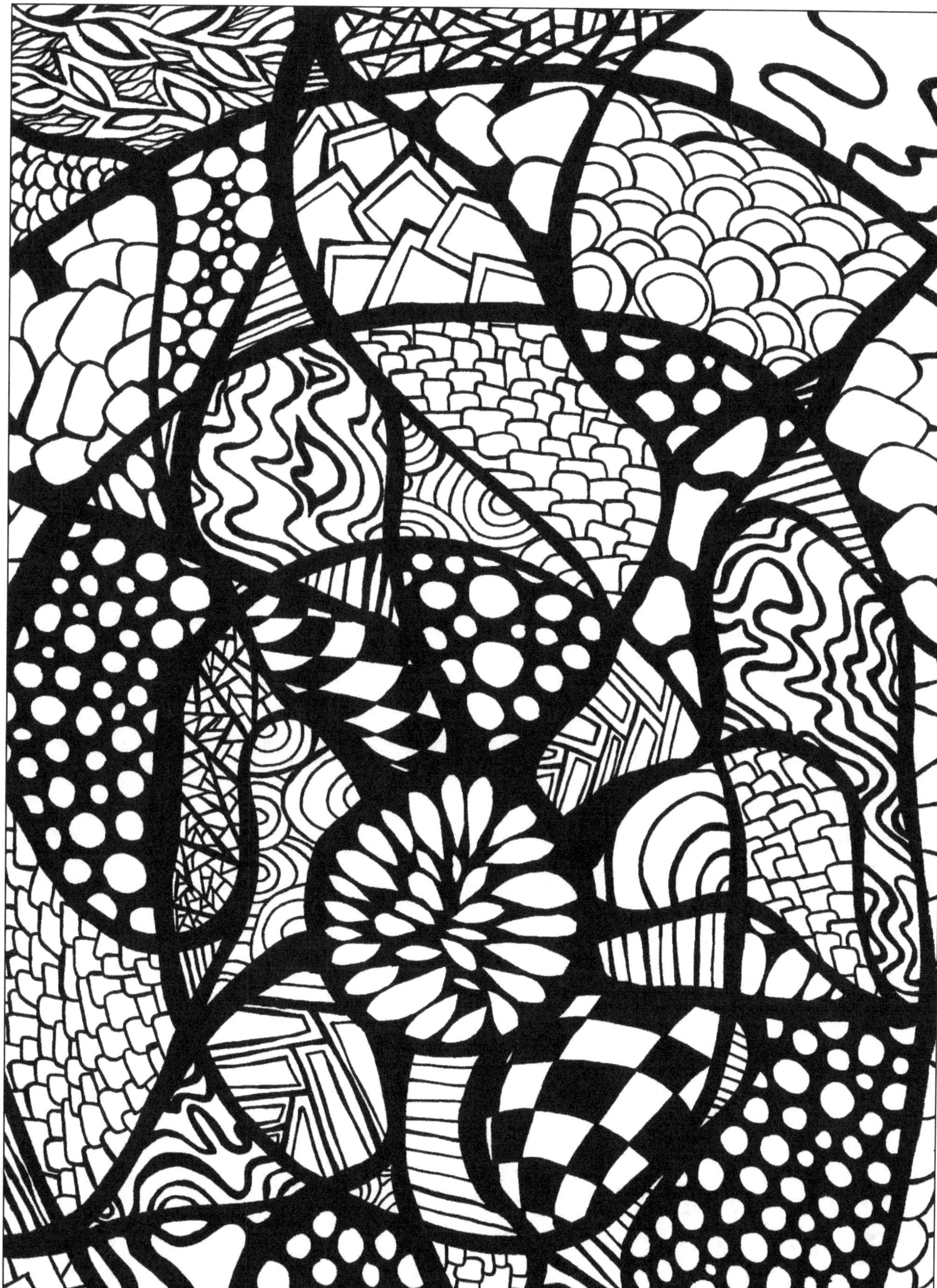

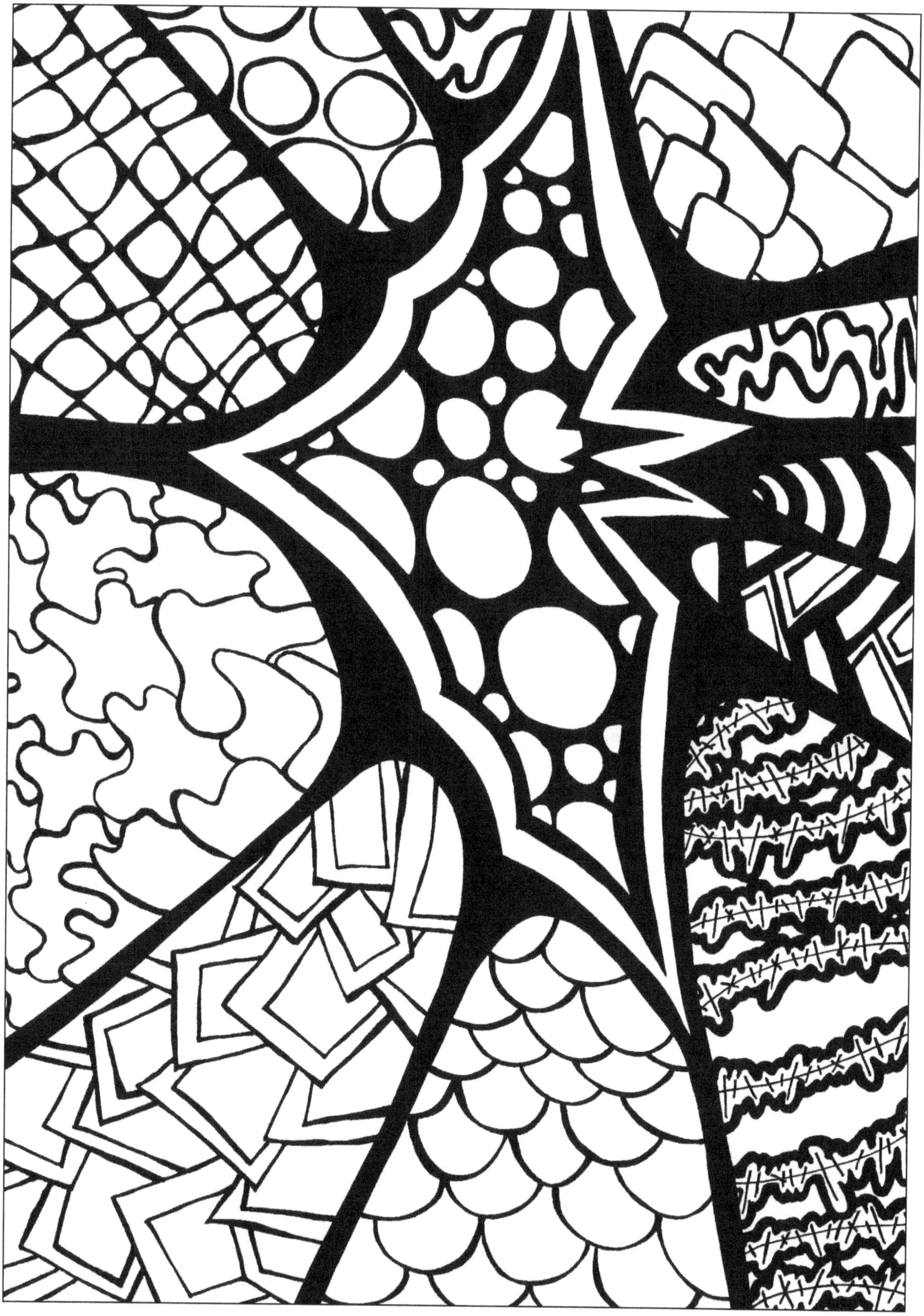

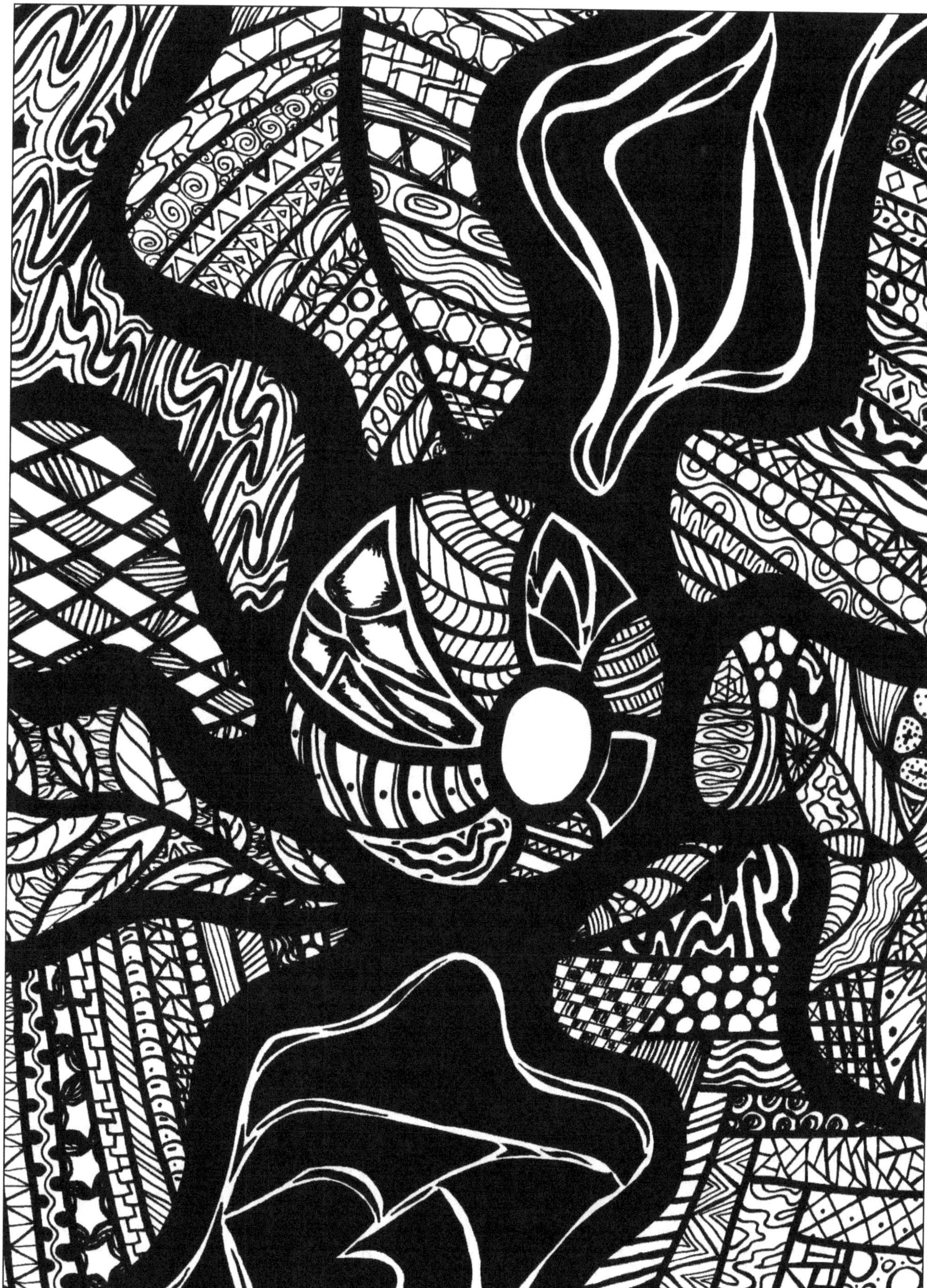

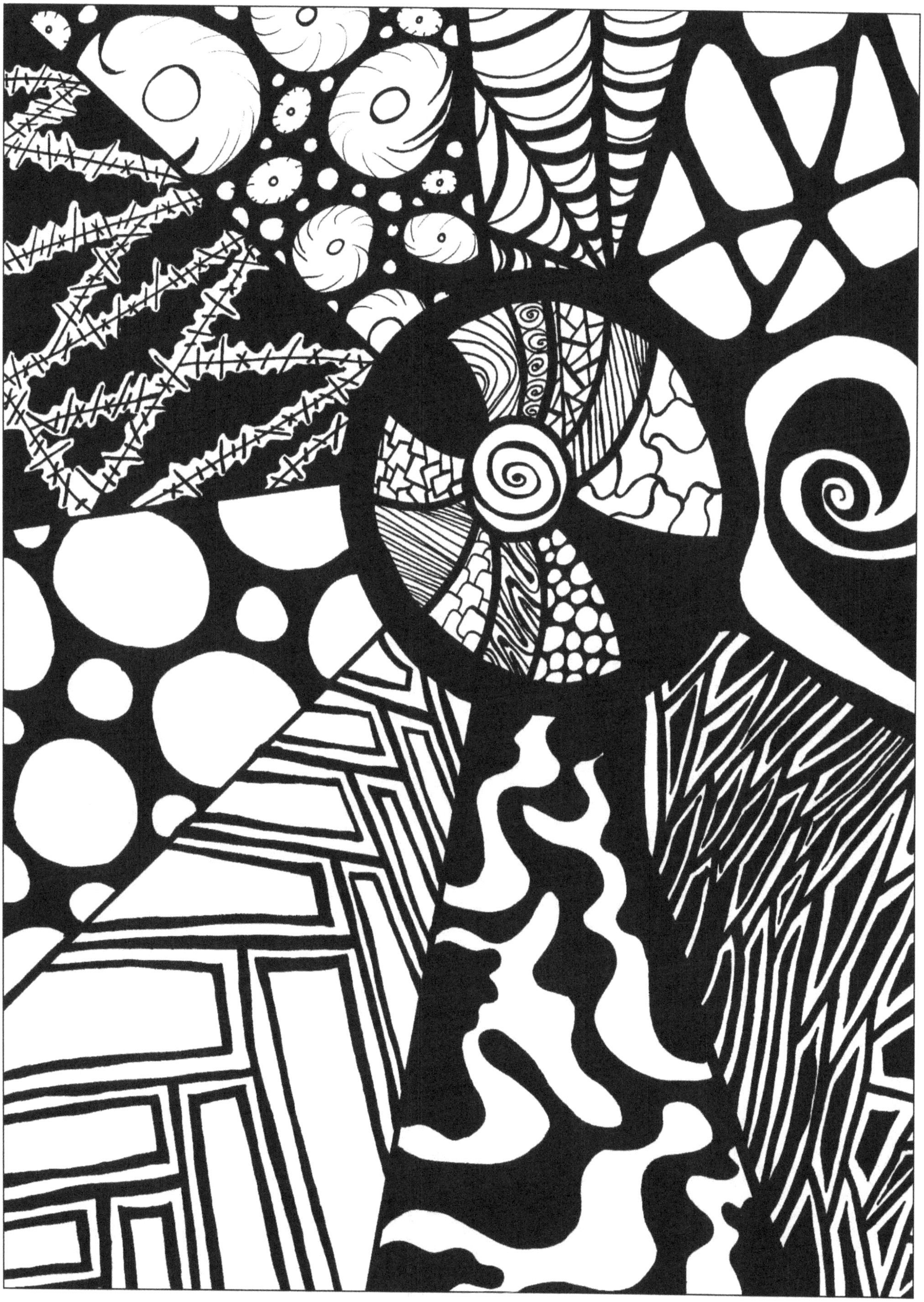

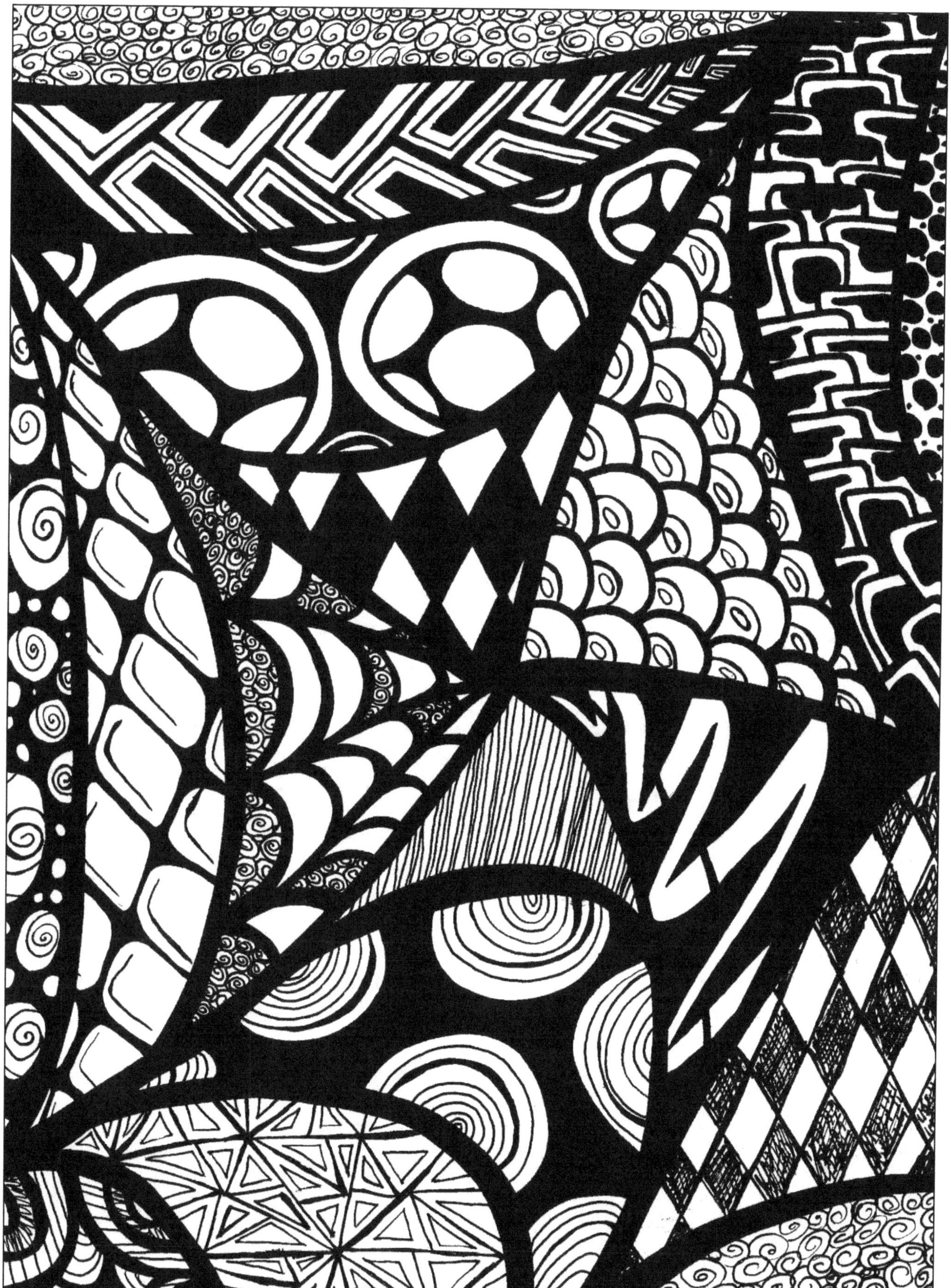

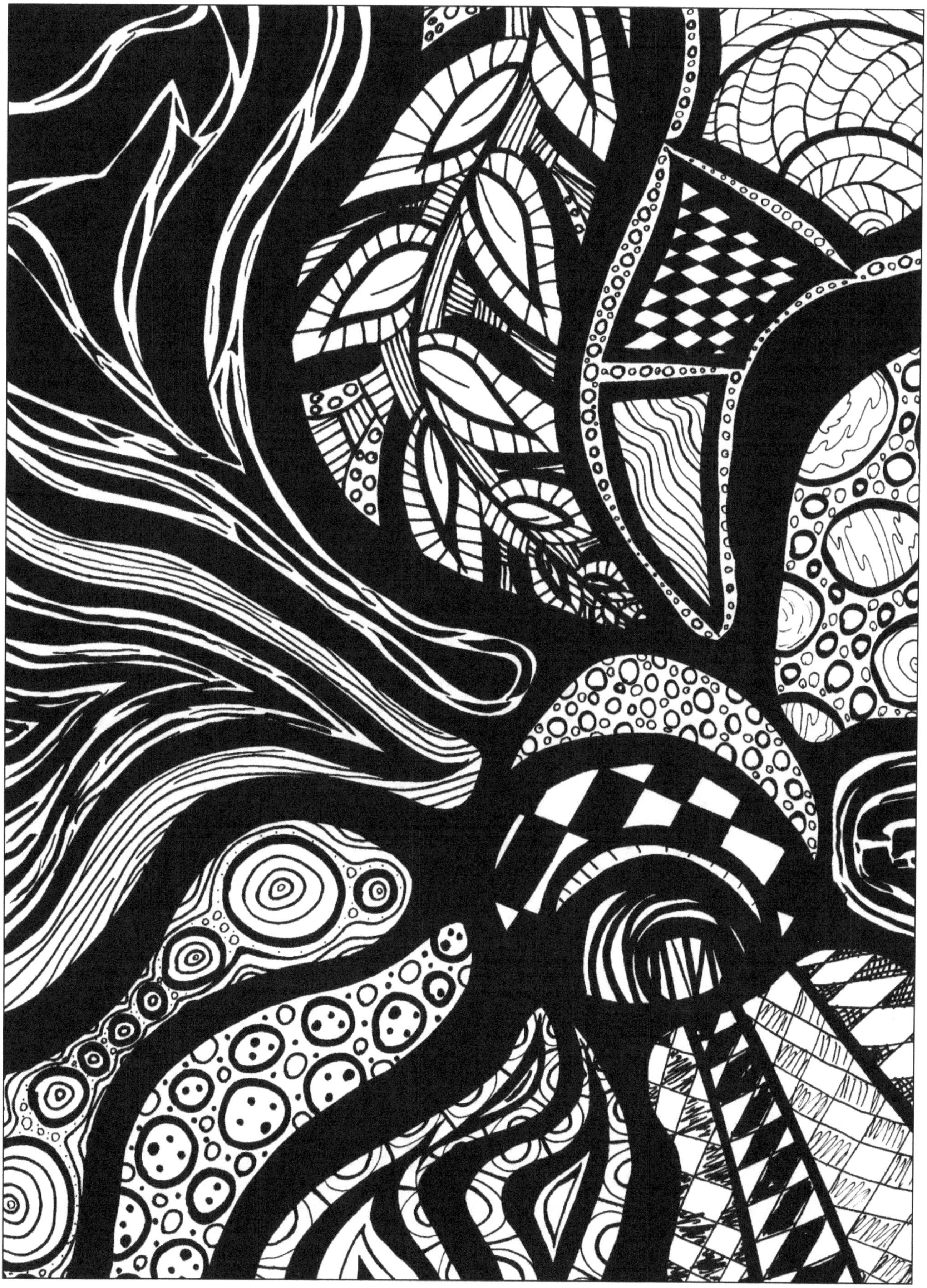

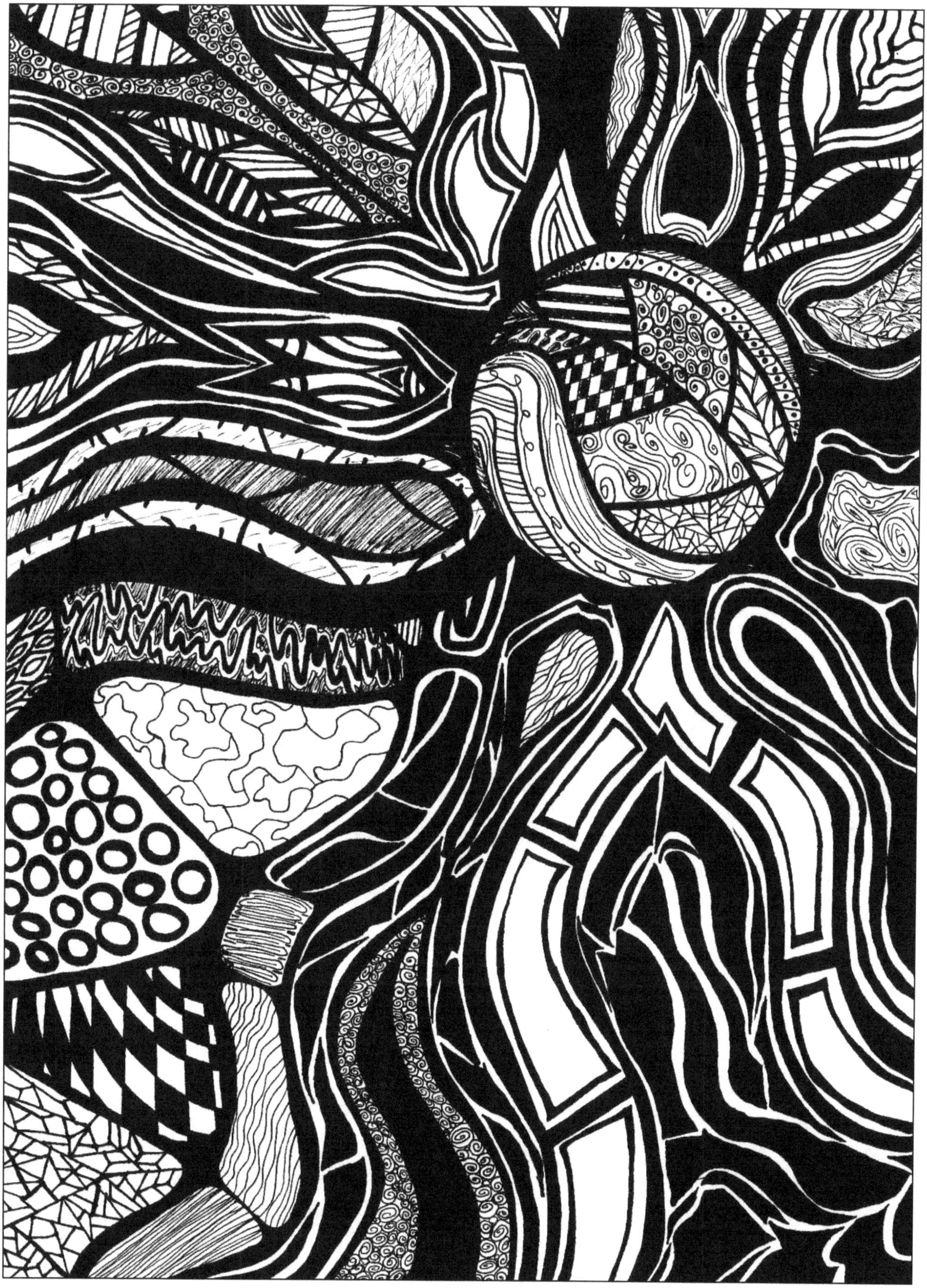

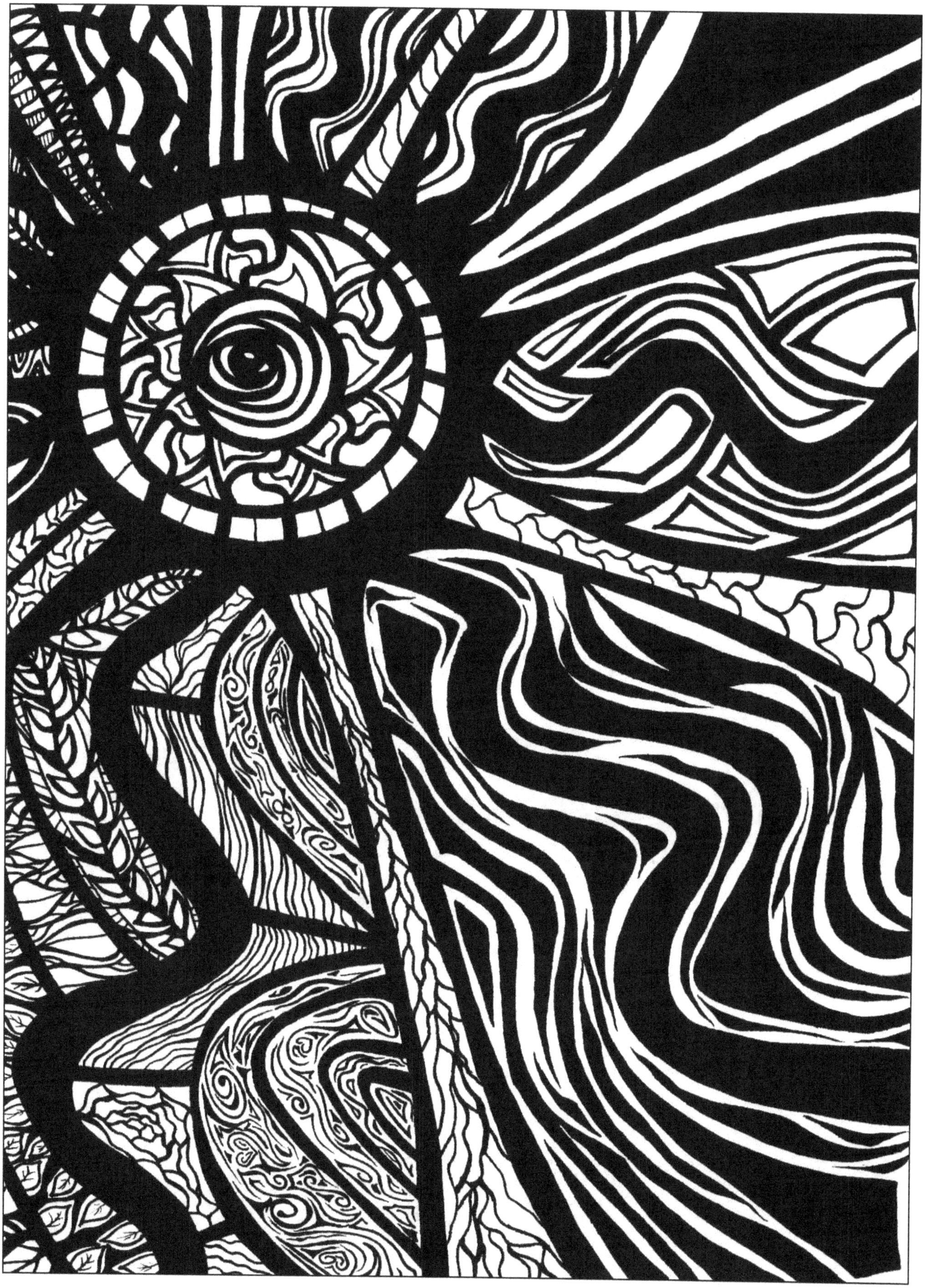

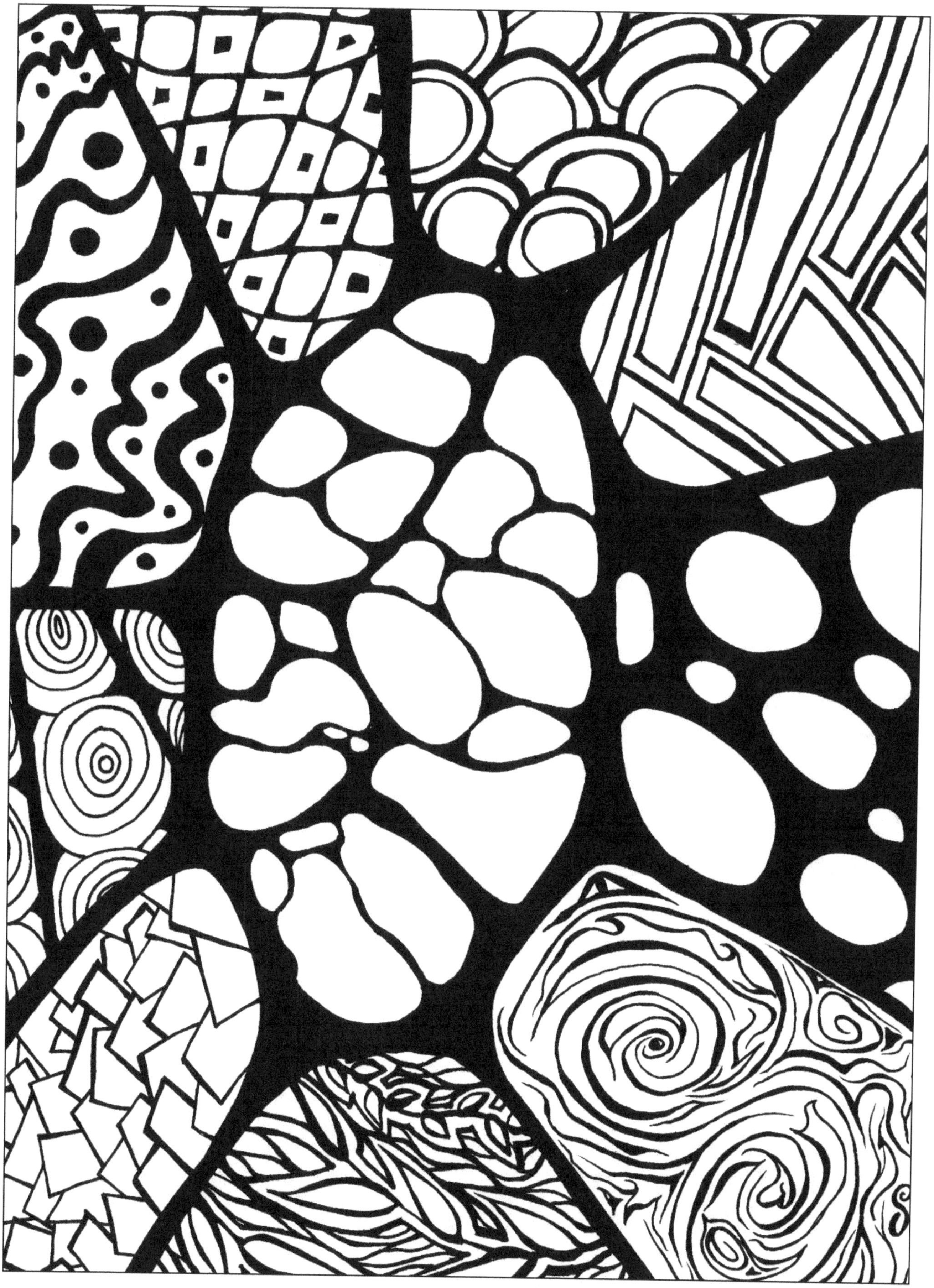

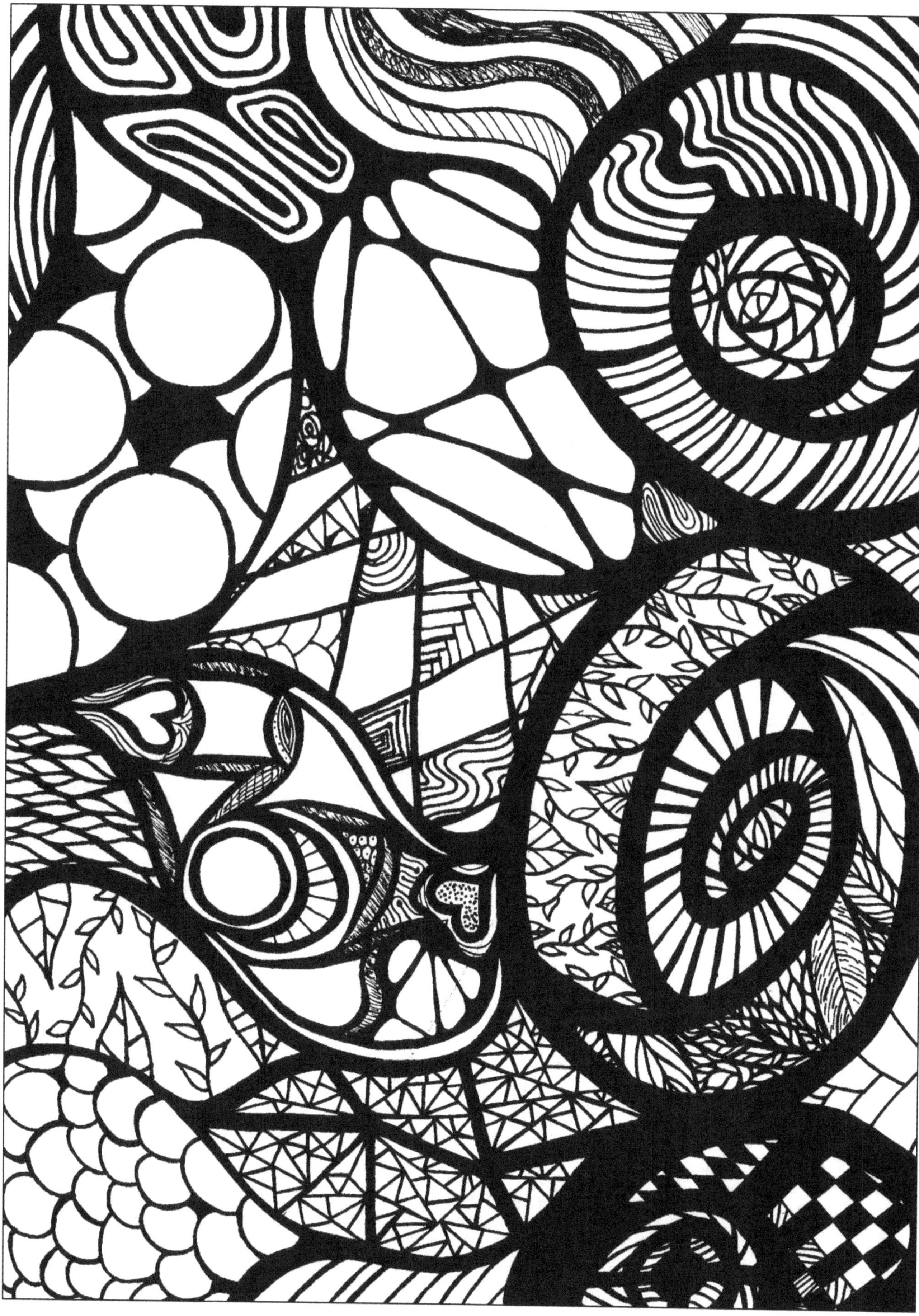

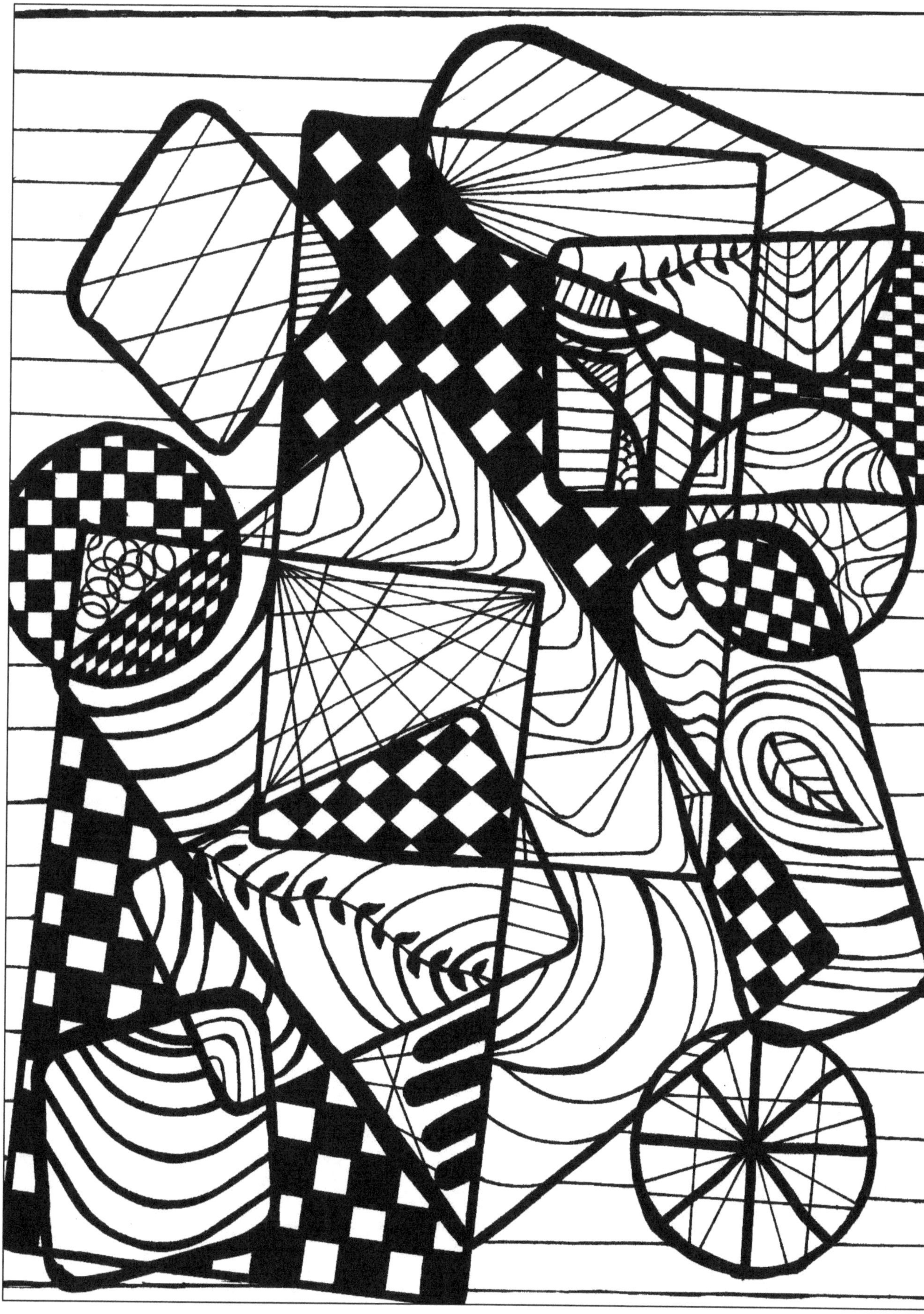

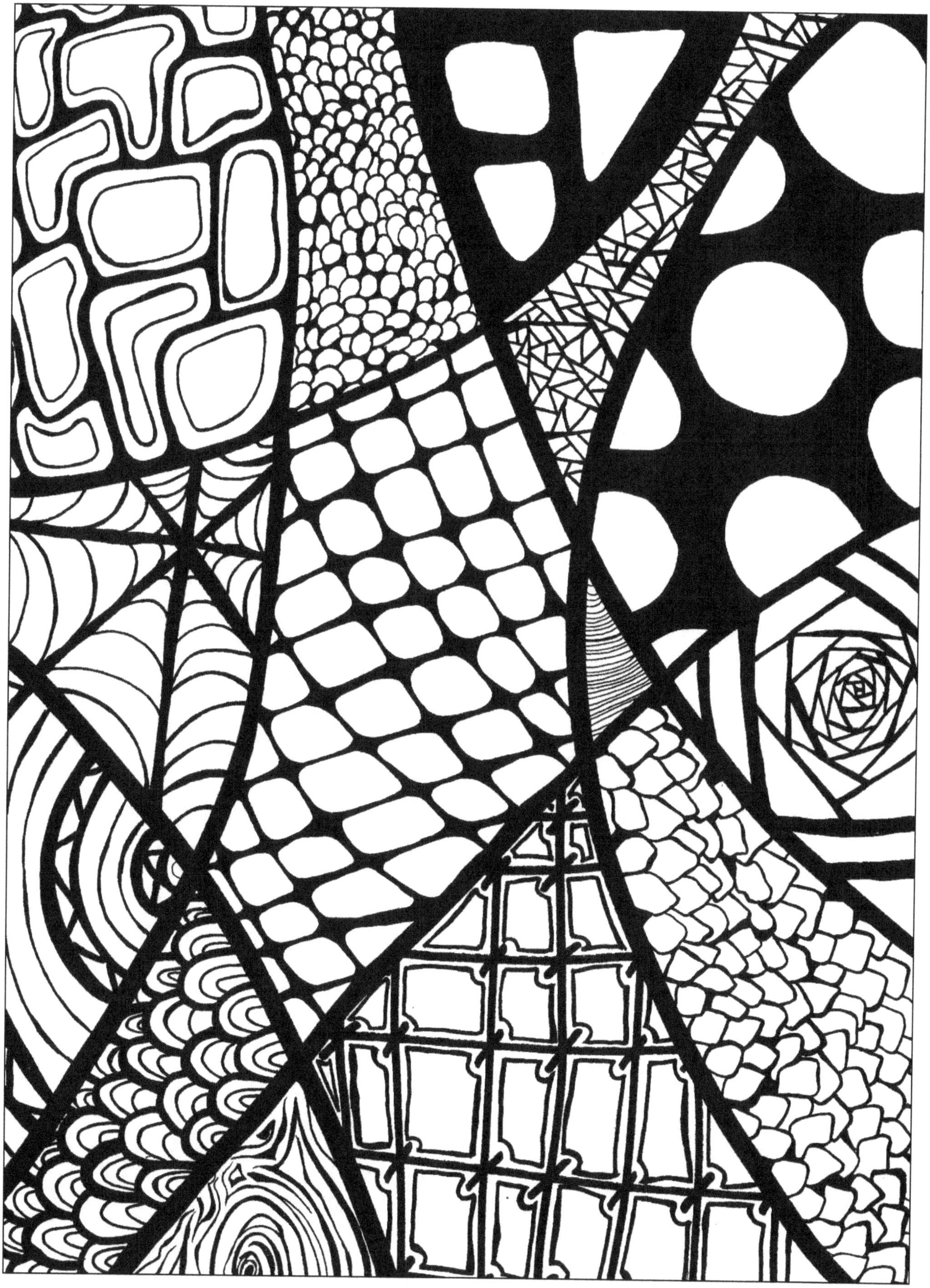

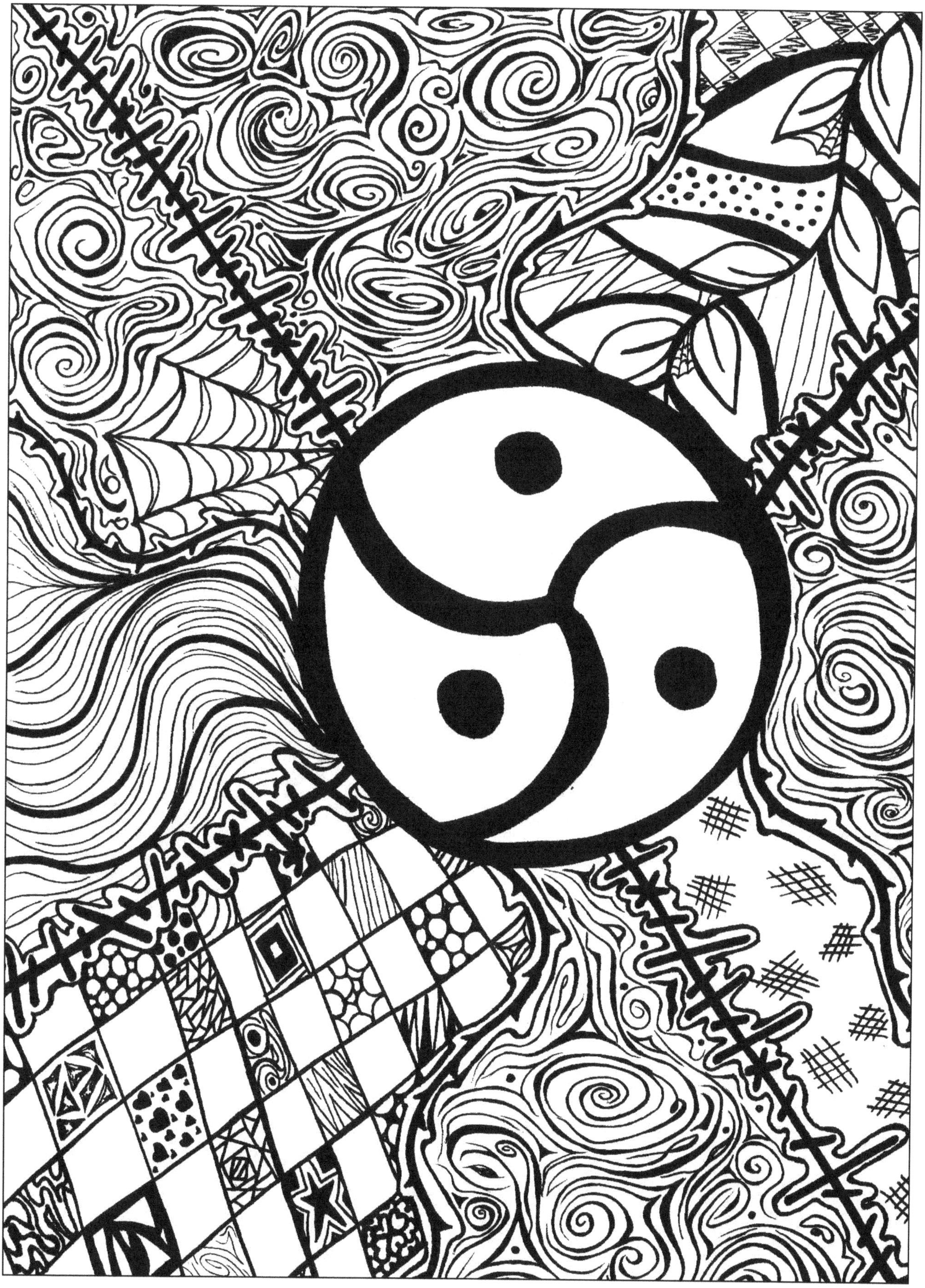

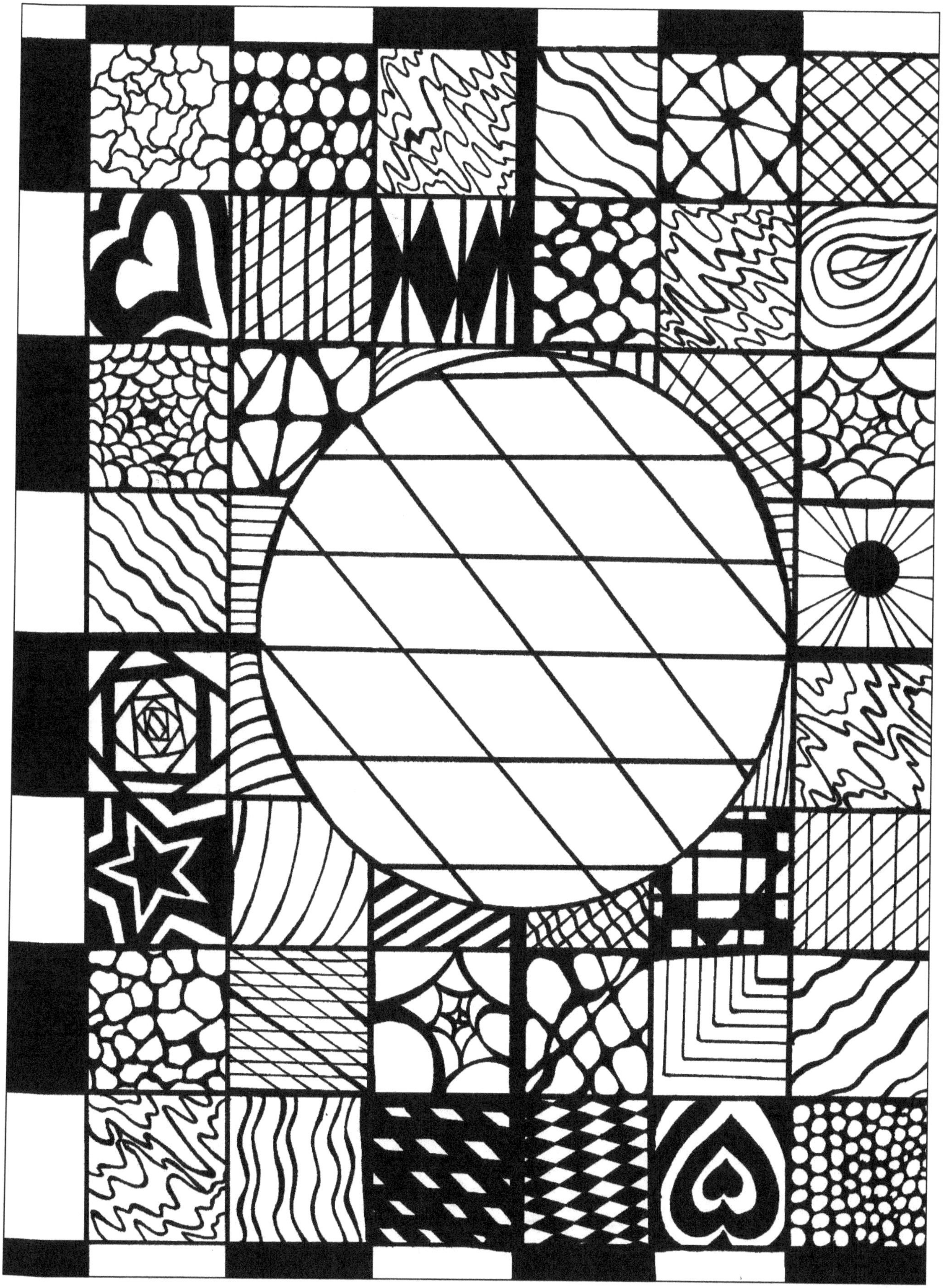

www.ingramcontent.com/pod-product-compliance
Lightning Source LLC
Chambersburg PA
CBHW080444220526
45465CB00007B/2764
* 9 7 9 8 7 4 4 1 7 2 6 4 0 *